OBSERVATIONS

SUR

LA BROCHURE DE M. LE VICOMTE

DE CHATEAUBRIAND,

PAIR DE FRANCE.

A PARIS,

DE L'IMPRIMERIE DE CRAPELET,

RUE DE VAUGIRARD, N° 9.

Septembre 1824.

OBSERVATIONS

SUR

LA BROCHURE DE M. LE VICOMTE

DE CHATEAUBRIAND,

PAIR DE FRANCE.

J'ai lu la brochure de M. le Vicomte de Châteaubriand, Pair de France, intitulée : *De la Censure.*

J'ignore si les opinions du noble Pair ont toujours été les mêmes sur le bonheur qui doit résulter un jour, pour la France, pour l'Europe et pour les deux Mondes, du gouvernement représentatif et de la liberté de la presse périodique.

Quoi qu'il en soit, je redouterais de lutter contre le génie et l'éloquence entraînante du noble Pair.

Mais tout inconnu que je suis au public et

aux ministres, comme j'ai pendant trente ans et plus, avant, pendant la révolution, et depuis la restauration, traité des questions politiques analogues aux événemens dont nous avons été tous témoins et déplorables victimes, et notamment relatives aux déluges de maux et de crimes dont cette liberté de la presse périodique a été la cause originelle et énergique ; sans entreprendre témérairement, surtout à mon âge de plus de quatre-vingts années, et accablé d'infirmités, d'entrer en discussion avec un athlète aussi redoutable que le noble Pair, en compensation de l'autorité imposante de ses opinions, j'opposerai celle de l'expérience fatale que nous avons faite pendant trente ans et plus, et *des faits* horribles, épouvantables et universellement connus.

Et pour cela, je n'ai qu'à remettre sous les yeux du public le tableau, ou plutôt une esquisse des crimes et des malheurs de la révolution, dus manifestement à la liberté de la presse et à ses pamphlets.

Ces deux leviers ont suffi pour bouleverser la France, l'Europe et les deux Mondes !....

En Europe, voici les désastres éprouvés par

les souverains et par les peuples, et enfantés par notre révolution.

Pour les souverains (indépendamment de l'horrible régicide commis sur la personne de Louis XVI, sur celles de la Reine, son épouse, de sa sœur, de son fils encore enfant!....) il en est résulté que trente-trois monarques ou princes souverains de première classe ont été assassinés ou détrônés, et plusieurs d'entre eux réduits en captivité!....

Pour les peuples, il en est résulté que vingt nations ont été bouleversées, ravagées, noyées dans leur sang, dépouillées de leur indépendance, de leurs lois, de leurs usages, de leurs mœurs.

Cette scène de crimes et d'attentats contre la vie et les droits sacrés des souverains, et contre l'indépendance des nations étrangères, a commencé par l'assassinat et la mort de Gustave III, roi de Suède, ci............. Gustave III.

Suivi de l'assassinat et de la mort de Paul Ier, empereur de Russie, ci........................... Paul Ier.

Suivi de l'assassinat tenté sur le roi d'Angleterre, Georges III, ci. Georges III.

(6)

Suivi du détrônement et du
massacre des deux sultans turcs,
Selim et Mustapha, ci......... { Selim.
{ Mustapha.

Suivi du détrônement et de la
captivité de deux papes, Pie VI et
Pie VII, ci................. { Pie VI.
{ Pie VII.

Précédés du détrônement des
trois électeurs ecclésiastiques de
Trèves, de Mayence, de Cologne, { Trèves.
ci....................... { Mayence.
{ Cologne.

De l'expulsion de leurs états des
princes − évêques de Liége, de
Constance, de Wurtzbourg, ci { Liége.
princes−évêques de.......... { Constance.
{ Wurtzbourg.

Et des princes-abbés de Saint-
Gall et de Fulde, ci princes-abbés de { Saint−Gall.
{ Fulde.

Suivies du détrônement du roi
de Sardaigne, ci.............. { Le roi de
{ Sardaigne.

Du détrônement du roi de Na-
ples, Ferdinand, ci........... Ferdinand.

De celui du grand duc de Tos-
cane, ci..................... { Grand duc
{ de Toscane.

De celui des ducs de Mantoue et de Modène, ci ducs de......... { Mantoue.
Modène.

De celui du duc et de la duchesse de Parme, qui, devenue reine d'Étrurie, fut bientôt après réduite en captivité avec son fils, ci..... { Duc de Parme,
et sa veuve, la
reine d'Étrurie.

De la déportation au Brésil de la reine et du régent du Portugal, ci............................ { Reine et régent
du Portugal.

Suivie du détrônement et de la captivité des rois d'Espagne, Charles IV et Ferdinand VII, et de toute la famille royale d'Espagne, ci...................... { Charles IV et
Ferdinand VII.

Du détrônement et du bannissement du roi de Suède, Gustave IV, ci................... Gustave IV.

Précédé de l'expulsion du stathouder Guillaume, ci......... Guillaume.

De l'expulsion de ses états du landgrave de Hesse, ci........ { Landgrave
de Hesse.

Suivies de celles des princes de la maison de Brunswick, ci..... { Princes de
Brunswick.

Et de celles des ducs de Courlande et de Mecklenbourg, ci ducs
de . . . . {Courlande.
{Mecklenbourg.

Précédées de la mort de Tippoo-
Saïb, et de la chute de son empire,
ci . . . . Tippoo-Saïb.

Total. 33

Ainsi, sans y comprendre Louis XVI,
Louis XVII, et les autres augustes victimes de
la Famille royale de France. . . . . la révolution
française a donc renversé de leurs trônes, ou
chassé de leurs états, *trente-trois souverains!* . . . .

De ce nombre, *un roi de Suède, un empereur
russe, deux empereurs turcs,* ont été assassinés ! *Un sultan indien* est mort les armes à la
main, et s'est enseveli sous les ruines de sa capitale et de son empire.

*Une reine de Portugal, et le prince du Brésil,
son fils,* ont été réduits *à se déporter* dans le
Nouveau-Monde.

Un roi de Suède a été banni, et est encore
errant ainsi que son *fils.*

Deux rois d'Espagne, une reine d'Étrurie,

et leurs familles, ainsi que deux *souverains pon-tifes*, ont été réduits en captivité ; enfin il faut y ajouter deux *princes français*, dont l'un traî-treusement enlevé en pleine paix dans un pays et chez une puissance alliée, a été lâchement et barbarement égorgé aux portes de la capi-tale !.... Et l'autre, assassiné sous nos yeux mêmes, par un vil fanatique, égaré, de son aveu, par les journaux révolutionnaires !....

Mais si tel a été le sort affreux de *Louis XVI*, de *Louis XVII, son fils*, et de *trente-trois autres souverains, tous victimes de notre révo-lution*, voyons quel a été celui des nations eu-ropéennes, ainsi que de grandes monarchies, et de l'Amérique entière.

EN ITALIE.

Les républiques de *Venise*, de *Gênes*, de *Raguse*, de *Lucques*, de *Saint-Marin*, ont été anéanties ; celle des *Grisons*, bouleversée.

HORS DE L'ITALIE.

Genève et la *Hollande* ont cessé d'exister comme république. La *Suisse* elle-même, la *belliqueuse Suisse*, notre fidèle alliée depuis des siècles (et dont les braves soldats ont été martyrs de leur loyauté en 1792), après avoir été mise à feu et à sang dans une guerre sacrilége, a perdu son indépendance, et n'était plus *de fait* qu'une vassale d'un nouvel Attila.

EN ALLEMAGNE.

Toutes les villes *impériales et anséatiques* ont également perdu leur liberté, et ont été métamorphosées en départemens français.

Trois fois l'Italie entière a été ravagée et détrempée dans le sang de ses paisibles habitans; on en a fait successivement une *république*, puis un *royaume*, puis des *départemens.*

La *Hollande* trois fois subjuguée, a trois fois été forcée de changer de gouvernement ; tour à tour fantôme de *république*, puis *monarchie ;* mais toujours esclave, elle a fini par devenir un *département.*

L'*Espagne et le Portugal*, envahis en pleine paix, ont été dévastées, pillées, et inondées du sang généreux de leurs habitans..... *Cinq cent mille Français* y ont trouvé leur tombeau !

L'*Allemagne* toute entière a été plusieurs fois ravagée par nos armées depuis la révolution.

Sa constitution a été détruite, ses républiques anéanties, ses monarchies bouleversées, dévastées, dégradées; enfin on a brisé jusqu'à sa législation, on l'a insolemment forcée d'adopter le Code de son plus mortel ennemi.

Les monarchies *prussienne* et *autrichienne* entières, ont été à plusieurs époques, envahies, pillées, dévastées, ainsi que la *Hongrie*, la *Moravie*, la *Bohême*, la *Livonie*, la *Courlande*, la *Pologne*, la *Lithuanie* et la *Russie elle-même*, dont les provinces les plus florissantes ont été ravagées, et sa *première capitale* incendiée en 1812!.... Cette folle invasion, et plus encore la conduite absurde de Buonaparte dans cette fatale campagne, a coûté la vie ou la liberté à cinq cent mille Français de vieilles troupes ! ! !....

La capitale du *Danemarck*, quelques années avant, avait éprouvé le même sort que *Moscou*, et *toujours* comme résultat de la révolution française. — Non seulement cette infernale révolution a porté la désolation et la mort *chez toutes les nations* de l'Europe; non seulement il en est résulté pour la France tous les fléaux réunis qui peuvent fondre sur un peuple, la famine, la misère générale, la guerre civile, et deux cent mille innocens de toutes les classes égorgés sur les échafauds ; mais dans le *Nouveau-Monde* elle a allumé une guerre interminable dans les deux Mexiques, dans la Californie, au Paraguai, au Pérou et au Chili.

On voit donc que *l'Europe* entière et les deux Mondes ont été victimes des fureurs de la révolution française.

Puisse l'Europe se convaincre à jamais que la *France*, sous la main *de ses rois légitimes*, est le bouclier de tous les trônes, et sera toujours, dans la main des factieux et des régicides, le *fléau* de tous les peuples !

Puissent les *Français se pénétrer*, par leurs propres annales, qu'*aucune nation* n'a eu autant de grands et de bons rois ; qu'ils ont dû toujours leur gloire, leur bonheur et leur splendeur, à leur soumission à leur roi légitime ; qu'ils n'ont dû leurs désastres à diverses époques et leur affreuse révolution, qu'à leurs propres erreurs et à leur insoumission !

Ce tableau, malheureusement trop fidèle, et qui ne repose que sur des faits, balancera peut-être *l'opinion* d'un grand écrivain et d'un Pair de France, aussi illustre par son génie que par l'éminence de ses dignités ; opinion que j'avoue avoir moi-même partagée avant que l'expérience de la révolution ne m'eût éclairé sur ses dangers.

Le gouvernement représentatif et la liberté de la presse périodique, sont, dit-on, le palladium de l'Angleterre. C'est à ces deux institutions qu'elle doit sa prospérité ; mais cette île est isolée au milieu de l'Océan, ce qui neutralise pour elle le danger de ce régime.

D'ailleurs le génie des Anglais tranche absolument avec celui des nations continentales de l'Europe, et surtout avec celui des Français.

Ce qui est un calmant politique et salutaire pour les Anglais, est et sera toujours un poison, un fléau, un volcan incendiaire pour les Français.

Au surplus, manquait-il donc quelque chose pour faire le bonheur des Français dans les concessions solennelles que faisait à ses peuples, Louis XVI, dans la Séance royale tenue à Versailles ? Non sans doute, cent fois non.

Tous les véritables droits du peuple français étaient reconnus, assurés, consacrés par cet acte de la munificence royale !.... Plus de corvées ; les impôts répartis également, et sous la même dénomination, sur toutes les classes de citoyens ; l'admission *de droit* de tous les Français à toutes les places, à tous les emplois, à toutes les dignités civiles, militaires et ecclésiastiques ; il y ajoutait, pour prévenir à jamais les abus de l'arbitraire, la nomination d'une commission toujours permanente d'anciens magistrats *retirés*, chargée de visiter sans témoins, deux fois par mois, dans la capitale et dans les provinces, toutes les prisons et autres maisons de réclusion, et de faire un rapport spécial au roi des motifs qui auraient déterminé l'ordre de détention des prisonniers, coupables ou non. (1)

Hélas ! fallait-il donc, pour rendre la France heureuse, que les États-Généraux, travestis par des factieux en assemblée prétendue nationale, introduisissent l'anarchie populacière et sanguinaire dans la capitale et sur la surface entière du royaume, en violant les mandats exprès de ses commettans ? — Fallait-il que l'horrible Convention entachât la France d'un et de plusieurs parricides ? — Fallait-il proclamer l'affreux

____

(1) J'avais antérieurement, à cette époque, mis ce projet sous les yeux de Louis XVI, dans un de mes écrits intitulé : *Diverses considérations politiques,* tome 1er.

athéisme? — Fallait-il repousser les bienfaits du monarque, le torturer pendant trois ans, l'arracher de son trône, l'incarcérer lui et sa royale famille, d'abord dans ses palais, et bientôt après dans les cachots du Temple? — Fallait-il ne l'en tirer que pour le traîner à l'échafaud? — Malheureuse France! fallait-il outrager et égorger l'auguste compagne de cet infortuné monarque? — Et sa sœur héroïque (la vertu personnifiée)? — Fallait-il enfin, pour rendre les Français heureux, continuer à tenir dans les cachots *Madame Royale,* à peine adolescente, et faire périr dans ces mêmes cachots auprès de cette princesse, dans des tortures horribles, l'auguste fils de tant de rois, *encore enfant,* et d'une si grande espérance? — Fallait-il qu'une guerre d'extermination de vingt-cinq ans au dedans et au dehors, coûtât la vie à cinq ou six millions de Français, et que leur sang détrempât le sol de l'Europe entière mêlé avec celui de ses malheureux habitans? — Fallait-il enfin que tant de maux et de crimes se terminassent par deux invasions successives de la France et par sa spoliation? — Malheureux Français!.... Mais l'excès de la douleur me rend injuste et presque criminel ! ! ! Hélas ! c'est la lie seulement d'une populace féroce et stupide, soudoyée par quelques centaines de monstres usurpateurs du pouvoir, qui a entaché à jamais la France et le caractère national ! ! ! — Les vrais Français, le vrai peuple, s'étaient laissé tromper et enchaîner, et ne voyaient qu'avec une profonde douleur, et avec horreur, tous les crimes et tous les malheurs qui ont résulté uniquement de la violation *insensée* et à jamais criminelle des cahiers.

Désormais instruits et guidés par une affreuse expérience, les Français ne se laisseront plus égarer par des fourbes ou des enthousiastes, et par des théories qui ne leur sont pas applicables.

Le roi légitime, leur antique magistrature, et leurs lois *modifiées par la réalisation* de tout ce que Louis XVI proposait du fond de son cœur loyal et paternel dans la Séance royale, et les Français seront encore heureux sans avoir besoin de se modeler sur les Anglais, de les singer, et d'adopter leur gouvernement, fruit, au reste, de trois cents ans de carnage et de guerres civiles interminables.....

F I N.